7 jours pour trouver sa formation post-bac

Comment choisir son orientation dans les études supérieures quand on est lycéen

Lucas Brasier

2

SOMMAIRE

PRÉFACE

L'orientation.

C'est si vaste, si grand.

On nous demande vers 15 ans ce qu'on voudrait faire, et surtout, on devrait déjà le savoir avec certitude.

Quand certaines personnes savent depuis l'âge de 3 ans le métier qu'elles veulent exercer, d'autres cherchent encore et toujours leur voie, à quelques mois de devoir la trouver.

C'est effrayant.

On a l'impression qu'on va jouer sa vie sur ses 3 années de lycée, et que derrière, peu importe les décisions qu'on prendra, cette base sera immuable et conditionnera le reste de notre vie.

Bon, dédramatisons un peu : ça va le faire.

C'est une phrase que je dis souvent, et si je me permets de te la dire à nouveau aujourd'hui, c'est parce qu'on va tout faire ensemble pour que ça se passe au mieux.

Je t'ai préparé dans ce livre, une méthodologie complète pas à pas pour trouver ta formation post-bac en 7 jours.

Je sais que ça peut paraître surprenant, mais je l'ai testé avec plusieurs étudiants avant toi.

Je peux te dire que beaucoup d'entre eux n'avaient absolument aucune idée de métier à exercer.

Et pourtant, ils ont réussi à limiter le vaste monde de l'orientation à un ou deux domaine(s) spécifique(s).

Avant de commencer à te parler de tout cela, j'aimerais commencer par me présenter.

En effet, nous allons passer les 7 prochains jours ensemble, c'est la moindre des choses.

Je m'appelle Lucas Brasier, je suis un auteur et YouTubeur spécialisé dans la thématique des études.

J'ai réalisé plusieurs centaines de vidéos suivies chaque mois par des dizaines de milliers d'étudiants.

Passé par Parcoursup et le système scolaire français, j'en connais les complexités et les problèmes qui en découlent.

C'est la raison pour laquelle j'ai créé Bac en poche.

Mon but est d'aider les lycéens à définir leur orientation scolaire, à mener des études en cohérence avec leurs objectifs et à se démarquer des autres en osant lancer des projets ambitieux en parallèle de leur scolarité.

J'ai déjà fait plusieurs apparitions dans les médias (télévision, journal, radio...) pour parler de tous ces sujets qui me tiennent à cœur.

J'ai également changé par trois fois mon cursus dans les études supérieures (donc je sais très bien ce que ça veut dire d'être dans le flou, de ne pas savoir vraiment ce que l'on veut faire de sa vie).

Je te parlerai de mon parcours scolaire un peu plus longuement à la fin de ce livre.

En attendant, le but est que dans 7 jours, tu aies une idée plus précise de ton orientation scolaire, voire même que tu trouves un ou plusieurs métiers susceptibles de t'intéresser.

Dernière information : ce livre n'est pas magique.

Tu te doutes bien que pour trouver ton orientation en 7 jours, cela va te demander de fournir un effort et de travailler pour compléter tes recherches.

Cependant, ce livre sera là pour te guider.

D'ailleurs, tu auras la possibilité de prendre des notes au fur et à mesure, ainsi qu'à la fin.

Je t'invite donc à prendre un crayon à papier et une gomme.

Sans plus attendre, bienvenue dans « 7 jours pour trouver sa formation post-bac : comment choisir son orientation dans les études supérieures quand on est lycéen ».

JOUR 1 : ADOPTE LE BON ÉTAT D'ESPRIT

Avant de t'accompagner dans tes recherches, il est très important d'avoir en tête les bonnes raisons de trouver son orientation.

Beaucoup de lycéens se laissent porter par leurs études, ne pensent pas plus loin que les prochaines vacances scolaires qui approchent.

Ils se retrouvent alors à faire leurs choix dans la précipitation, et vont les baser sur des raisonnements qui ne sont pas les bons.

C'est pourquoi, même si on va trouver ensemble ton orientation rapidement, nous allons construire les bases solides à avoir en tête pour ne pas partir en « hors-sujet » sur ton futur parcours scolaire.

Voici donc les 5 (+2) règles à toujours garder en tête pour trouver ton orientation scolaire.

Je t'invite à compléter la liste ci-dessous, une fois que tu auras terminé de lire ce chapitre, pour bien retenir les 7 règles à appliquer.

Règle n°1 :

Règle n°2 :

Règle n°3 :

Règle n°4 :

Règle n°5 :

Règle n°6 :

Règle n°7 :

Règle n°1 : Tu travailles pour toi, pas pour tes parents, ni pour tes potes

C'est peut-être la règle la plus importante (et la plus oubliée) des étudiants en général.

Le cursus scolaire que tu vas réaliser est là pour t'amener vers un métier que TU vas exercer une grande partie de ta vie.

Ce n'est ni ce pote qui te dit de venir avec lui faire les mêmes études pour rester dans la même classe, ni tes parents qui veulent décider le métier que tu feras plus tard, qui l'exerceront à ta place.

Il faut que tu penses à toi, et que tu choisisses pour toi.

Parfois, il peut arriver que les parents mettent la pression à leurs enfants : « tu feras de grandes études », « tu seras médecin, avocat ou ingénieur ».

Il faut écouter les conseils de ses parents, mais les conseils ne doivent pas devenir des obligations !

Si tu veux aller faire des études dans un domaine opposé à celui que tes parents te prédestinaient, renseigne-toi un peu sur les débouchés, et fonce.

Personne ne fera ton métier à ta place, alors sache que ton travail et ta volonté de choisir tes études t'amèneront là où tu veux aller.

Si tu décides de te laisser porter par les choix des autres, tu sortiras à la fin avec un métier dont soit dans le meilleur des cas tu te contenteras, et dans le pire des cas, tu feras une reconversion professionnelle au bout de quelques années pour partir dans un domaine qui te plaît enfin.

Alors retiens bien que tu travailles pour toi, et ton orientation, c'est ton choix.

Règle n°2 : Ne pas confondre avoir des facilités dans une matière, et aimer une matière

Tu dois le voir autour de toi.

Certains sont bons dans certaines matières, et veulent en faire leurs études post-bac.

Mais il est très important de ne pas confondre aimer une matière car on a des facilités, et aimer une matière car le sujet nous intéresse et on travaille pour réussir.

La plupart des lycéens qui n'ont pas trop d'idées pour leur orientation, vont simplement regarder leurs bulletins, chercher la matière où ils sont les meilleurs, et continuer vers cette voie.

Pour ceux qui sont bons car ils travaillent et qu'ils sont intéressés par le sujet, ça peut être une bonne idée.

Mais pour ceux qui ont des facilités, c'est la pire décision à prendre.

Pourquoi ?

Car dès que cette matière va se complexifier, les facilités qu'ils ont ne suffiront plus.

Ils vont devoir se mettre à travailler pour progresser, et si à ce moment-là ils se rendent compte qu'ils aimaient bien cette matière tant qu'il ne fallait pas travailler, leurs études faciles vont se transformer en un véritable cauchemar.

Nous allons y revenir dans le prochain chapitre.

Règle n°3 : Communiquer tes idées et ton projet d'orientation à tes proches

Même si la décision de ton parcours dans les études supérieures doit rester un choix personnel, il faut absolument en parler aux gens qui t'entourent.

Ils sont tous passés par l'école, ont fait des études plus ou moins longues, et ont donc un ressenti personnel et des conseils à te donner vis-à-vis de leur propre expérience.

Développe ta curiosité, et ose leur poser des questions :

Quel métier fais-tu ?

Comment as-tu su que tu voulais faire celui-là et pas un autre ?

Quel conseil me donnerais-tu pour choisir ma voie dans les études ?

Tu as déjà là 3 questions que je viens de te lister, et que tu peux potentiellement poser à n'importe qui, ayant un métier.

Je t'invite à les garder dans un coin de ta tête, ou à les noter à la fin de ce livre, il y a des pages blanches pour prendre des notes.

Une fois la discussion lancée tu peux ensuite communiquer sur tes idées, ton projet d'orientation, et prendre l'avis de la personne comme un conseil plus ou moins pertinent, mais qui ne doit jamais remplacer complètement ton opinion ou être pris comme une vérité générale et absolue.

Règle n°4 : Ne pas te limiter à ce que tu connais déjà, vise plus loin

Il est important de ne pas cloisonner ses choix aux domaines que l'ont connaît déjà.

Il faut oser aller vers l'inconnu, faire des recherches sur de nouveaux métiers dont on ne connaissait pas l'existence.

Il faut aller au-delà de ta zone de confort.

Pour te le montrer avec un exemple, voici un carré de neuf points. Tu peux faire l'exercice directement sur la page.

Tu as 4 consignes à respecter :

1. Joindre les neuf points
2. Ne pas tracer plus de quatre lignes droites
3. Ne pas lever le crayon
4. Tous les points doivent être traversés par une ligne

Une fois que tu as cherché, tu peux aller regarder la réponse à la dernière page de ce livre (page 80).

Règle n°5 : Il n'y a pas qu'un seul chemin pour atteindre un point précis

S'il y a bien un avantage dans le système scolaire français, c'est qu'il existe de nombreuses passerelles.

Il est possible de changer de voie tout en continuant ses études dans la classe supérieure, ou bien en refaisant une année, le temps de se remettre à niveau.

Ce que je veux te dire avec cette information, c'est qu'il faut relâcher la pression.

Il est vrai que choisir ses études post-bac implique une direction dans sa carrière professionnelle.

Mais cela reste une direction : tu peux être amené à la modifier, la réajuster, voire même la redéfinir complètement en fonction de tes décisions.

Après, cela implique donc d'être « acteur de son parcours scolaire », et non spectateur.

Tu en connais peut-être certains qui sont déjà passés par là.

Ils choisissent en terminale une formation, et ils se laissent porter pendant plusieurs années, avant de se dire une fois leur cursus terminé : « Finalement, ça ne me plaît pas trop... ».

Donc si tes objectifs s'ajustent au fur et à mesure de tes études, sache qu'il est toujours possible de rebondir et de réajuster ta trajectoire, pour atteindre le métier de tes rêves.

Les deux derniers conseils nécessitent plus que « 7 jours pour trouver son orientation post-bac ».

Cependant, il est important de les mentionner, car si tu as davantage de temps, tu dois les appliquer.

Règle n°6 : Être actif en s'intéressant aux JPO, aux semaines de l'orientation, et en saisissant les opportunités

Il existe de nombreux évènements tout au long d'une année scolaire pouvant permettre de recueillir de précieux témoignages :

- La semaine de l'orientation (certains lycées proposent chaque année un évènement avec des anciens élèves qui reviennent pour témoigner sur leur choix d'études)

- Les salons de l'orientation (souvent dans des grandes villes, tu peux y retrouver de nombreuses écoles et leurs étudiants avec qui tu peux échanger afin d'obtenir des renseignements supplémentaires)

- Les Journées Portes Ouvertes (il est très intéressant de faire une ou des JPO quand tu commences à avoir une idée précise de la formation que tu comptes faire plus tard. Cela peut te permettre d'aller dans les locaux de l'établissement que tu vises, voir concrètement de quoi il s'agit, et échanger avec des professeurs et étudiants que tu es susceptible de connaître l'année prochaine)

Il y a aussi parfois une journée d'immersion que tu peux réaliser en terminale, pendant laquelle tu suis les mêmes cours qu'un étudiant de la formation.

En tout cas, peu importe ton choix, si tu as le temps je t'invite à faire un ou plusieurs de ces évènements.

Tu apprendras forcément de nouvelles informations, et cela te permettra de préciser ton futur parcours scolaire.

Règle n°7 : Plus tu t'y prends tôt, plus tu as une marge de manœuvre

On peut faire les choses vite et bien, mais dans tous les cas, on les fera vite.

Il est vrai que dès le prochain chapitre de ce livre, nous allons commencer à rentrer dans le vif du sujet, et d'ici 7 jours, tu auras trouvé plusieurs formations qui t'intéressent.

Cependant, tu ne dois pas oublier que parfois, faire maturer tes idées peut te permettre davantage de certitude dans tes décisions (attention à ne pas tomber dans la procrastination en attendant trop longtemps).

Donc si tu as encore du temps devant toi, garde cette marge de manœuvre à la fin des 7 jours.

Reviens une ou deux semaines après avoir laissé reposer, et reprends à nouveau toutes tes notes à propos de ton orientation, pour voir ce que tu en penses avec du recul.

JOUR 2 : CHOIX DES DOMAINES

Aujourd'hui, nous allons commencer le début de notre approche en entonnoir.

On va partir du plus large (toutes les formations existantes) jusqu'à atteindre un petit nombre de parcours post-bac fortement susceptibles de t'intéresser.

Avant cela, j'aimerais que tu réalises un petit travail préliminaire.

Je compte sur toi pour le faire sérieusement, car il est très important que tu commences dès à présent à poser des bases solides pour trouver une orientation qui te correspond vraiment.

Sur la prochaine page blanche, tu vas marquer tes matières préférées dans l'ordre (la première tout en haut, et la dernière tout en bas).

Attention, je dis bien les matières que tu aimes, pas celles où tu peux avoir des facilités ou de bons résultats.

Cela va te permettre de poser une première brique dans ton orientation post-bac, en classant tes cours par préférence.

Il est vrai que ce que tu apprends à l'école peut être très éloigné du métier que tu réaliseras plus tard.

Cependant, ce que tu marqueras sur cette page restera entre toi et moi, donc je t'invite dès à présent à classer honnêtement tes matières en fonction de ce que toi tu aimes, et non ce que tes parents ou tes proches veulent que tu fasses.

Classement de tes matières préférées :

Je ne sais pas combien de temps cela t'a pris, mais je te félicite d'avoir réussi cette première étape préliminaire.

Nous allons maintenant aborder les domaines d'études. Je vais te donner une liste de 20 domaines, et ton objectif va être de n'en garder que 5.

Pour t'aider dans cette mission, je te conseille de commencer par rayer ceux qui ne t'intéressent vraiment pas, en fonction de tes centres d'intérêt personnel.

Une fois ce premier tri effectué, tu peux faire des recherches complémentaires pour obtenir une vision d'ensemble et comprendre de quoi il s'agit concrètement (en tapant dans ta barre de recherches « études », « formation »,« école » ou « métier » suivi du nom du domaine).

Je te donne quand même 15 exemples de métiers par domaine, mais il est très important que tu ne te contentes pas de mes pistes et que tu complètes avec tes propres recherches.

Sache qu'aujourd'hui est l'une des journées les plus chargées (avec demain), car cela demande du temps d'étudier un peu chaque domaine pour avoir une vue d'ensemble.

Mais comme je te l'ai dit, avec cette approche en entonnoir, cela va te permettre d'avoir des bases solides, et en le faisant sérieusement, d'obtenir des résultats en adéquation avec ce que tu aimeras vraiment faire plus tard.

Informations importantes :

- Dans les listes que tu vas voir, il se peut qu'un métier apparaisse à plusieurs reprises (car il est à l'intersection de plusieurs domaines)

- Les métiers sont tous marqués au masculin, mais bien évidemment, ils existent également au féminin.

Liste des 20 domaines :

- Agriculture, Agroalimentaire
- Art, Culture, Audiovisuel
- Assistanat, Secrétariat
- Banque, Finance, Assurance
- Comptabilité, Audit
- Droit, Sciences politiques
- Éducation, Formation, Ressources humaines
- Esthétique, Cosmétique, Coiffure
- Hôtellerie, Restauration, Tourisme
- Industrie, Technologie
- Information, Communication
- Informatique, Télécom, Multimédia
- Lettres, Langues, Sciences humaines
- Management, Marketing, Vente
- Qualité, Sécurité, Environnement
- Santé, Social
- Sciences
- Sport
- Transport, Achat, Logistique
- Urbanisme, BTP, Immobilier

Agriculture, Agroalimentaire

15 exemples de métiers :

Agriculteur

Aquaculteur

Aromaticien

Boucher

Conseiller agricole

Contrôleur laitier

Horticulteur

Ingénieur agronome

Ingénieur en expérimentation végétale

Ingénieur forestier

Maraîcher

Mécanicien en matériel agricole

Œnologue

Pisciculteur

Viticulteur

Art, Culture, Audiovisuel

15 exemples de métiers :

Animateur 3D

Cadreur

Comédien

Conservateur de musée

Designer

Humoriste

Ingénieur du son

Musicien

Photographe

Producteur

Professeur de théâtre

Réalisateur

Régisseur

Scénariste

Styliste

Assistanat, Secrétariat

15 exemples de métiers :

Assistant administratif

Assistant commercial

Assistant de direction

Assistant de gestion

Assistant import-export

Assistant de projet

Assistant du personnel

Assistant logistique

Assistant polyvalent

Assistant ressources humaines

Assistant travaux

Chargé de clientèle

Opérateur de Saisie

Secrétaire

Standardiste

Banque, Finance, Assurance

15 exemples de métiers :

Actuaire

Analyste de crédit

Analyste financier

Comptable

Contrôleur des finances publiques

Courtier en assurances

Directeur d'agence bancaire

Directeur financier

Expert en assurance

Expert-comptable

Gérant de portefeuille

Inspecteur des finances publiques

Responsable de la communication financière

Salesman

Trader

Comptabilité, Audit

15 exemples de métiers :

Assistant comptable

Auditeur financier

Business analyst

Chargé d'études économiques

Commissaire aux comptes

Comptable

Contrôleur de gestion

Contrôleur financier

Déontologue

Directeur comptable

Expert-comptable

Fiscaliste

Risk manager

Statisticien

Trésorier

Droit, Sciences politiques

15 exemples de métiers :

Administrateur judiciaire

Ambassadeur

Avocat

Brand manager

Chargé d'affaires

Clerc de notaire

Conseiller juridique

Diplomate

Greffier

Juriste

Magistrat

Manager

Ministre

Préfet

Sociologue

Éducation, Formation, Ressources humaines

15 exemples de métiers :

Assistant des ressources humaines

ATSEM

Chargé de recrutement

Conseiller d'orientation

Directeur de crèche

Directeur des ressources humaines

Documentaliste

Éducateur

Formateur

Inspecteur du permis de conduire

Inspecteur du travail

Moniteur d'auto-école

Professeur

Proviseur

Psychologue scolaire

Esthétique, Cosmétique, Coiffure

15 exemples de métiers :

Aromaticien

Chirurgien esthétique

Conseiller vendeur en parfumerie

Coiffeur

Démonstrateur de marque

Diététicien

Esthéticien

Hydrothérapeute

Manager de spa

Maquilleur

Masseur

Responsable d'un institut de beauté

Sophrologue

Styliste ongulaire

Tatoueur

Hôtellerie, Restauration, Tourisme

15 exemples de métiers :

Agent de réservation

Animateur de club vacances

Barman

Chargé d'accueil en office du tourisme

Commissaire de bord

Croupier

Forfaitiste

Gardien de refuge en montagne

Guide accompagnateur

Pizzaiolo

Réceptionniste

Serveur

Sommelier

Steward

Yield manager

Industrie, Technologie

15 exemples de métiers :

Automaticien

Chargé d'affaires réseaux

Chef d'atelier

Contrôleur technique

Designer automobile

Dessinateur industriel

Ingénieur aéronautique

Ingénieur en robotique

Ingénieur production

Mécanicien

Peintre industriel

Soudeur

Technicien maintenance

Tourneur fraiseur

Tuyauteur industriel

Information, Communication

15 exemples de métiers :

Animateur télévision

Attaché de presse

Chargé de mécénat et partenariats

Chef de publicité

Collecteur de fonds

Community manager

Digital brand manager

Documentaliste

Enquêteur

Journaliste

Maquettiste

Pigiste

Planner stratégique

Rédacteur en chef

Responsable communication

Informatique, Télécom, Multimédia

15 exemples de métiers :

Architecte de système d'information

Community manager

Concepteur web

Consultant en sécurité informatique

Data scientist

Développeur

Game designer

Infographiste

Ingénieur réseau

Level designer

Modeleur numérique

Motion designer

Technicien informatique

UX designer

Webmaster

<u>Lettres, Langues, Sciences humaines</u>

15 exemples de métiers :

Archéologue

Archéologue territorial

Archiviste

Chercheur

Démographe

Ethnologue

Généalogiste

Ingénieur en programmation linguistique

Interprète de conférence

Professeur de français

Professeur de langue étrangère

Professeur de philosophie

Sociologue

Traducteur

Urbaniste

Management, Marketing, Vente

15 exemples de métiers :

Chargé d'études marketing

Chef de marché

Commercial

Concepteur-rédacteur

Consultant en stratégie

Directeur de magasin

Ingénieur d'affaires

Ingénieur financier

Manager des ventes

Statisticien

Technico-commercial

Téléconseiller

Vendeur

Webplanner

Wedding planner

Qualité, Sécurité, Environnement

15 exemples de métiers :

Détective privé

Garde-chasse

Gardien de la paix

Gendarme

Policier informatique

Sapeur-pompier

Surveillant de prison

Domoticien

Animateur environnement

Garde forestier

Ingénieur en biologie

Ornithologue

Ouvrier paysagiste

Responsable d'exploitation de ferme éolienne

Technicien de maintenance en génie climatique

Santé, Social

15 exemples de métiers :

Aide-soignant

Ambulancier

Cardiologue

Chirurgien

Dermatologue

Diététicien

Infirmier

Nutritionniste

Opticien

Orthodontiste

Orthophoniste

Ostéopathe

Pédiatre

Pharmacien

Podologue

Sciences

15 exemples de métiers :

Astronaute

Automaticien

Botaniste

Chercheur

Data scientist

Généticien

Géotechnicien

Historien

Ingénieur en sciences des matériaux

Mathématicien

Microbiologiste

Paléontologue

Physicien

Statisticien

Volcanologue

Sport

15 exemples de métiers :

Agent de joueur

Chef de projet événementiel sportif

Coach sportif

Directeur d'équipement sportif

Entraîneur

Guide de haute montagne

Journaliste sportif

Maître-nageur sauveteur

Moniteur de ski

Moniteur de sport

Pilote automobile

Professeur d'EPS

Sportif professionnel

Stadium manager

Vendeur d'articles de sport

Transport, Achat, Logistique

15 exemples de métiers :

Agent de piste

Approvisionneur

Carrossier

Chauffeur de taxi

Conducteur d'autobus

Contrôleur aérien

Coursier

Déménageur

Docker

Gestionnaire de stock

Officier de marine marchande

Opérateur logistique

Magasinier

Pilote d'avion

Technicien de circulation

Urbanisme, BTP, Immobilier

15 exemples de métiers :

Agent immobilier

Architecte

Canalisateur

Charpentier

Chauffagiste

Chef de chantier

Courtier en travaux

Couvreur

Électricien

Ingénieur territorial

Maçon

Menuisier

Peintre en bâtiment

Plâtrier

Plombier

Une fois que tu as sélectionné 5 domaines sur les 20, je t'invite à les marquer ci-dessous.

Les métiers serviront pour la suite des recherches.

Je t'expliquerai demain, en attendant : prends un peu de repos, tu l'as bien mérité !

Domaine :

- Métier 1 :

- Métier 2 :

- Métier 3 :

Domaine :

- Métier 1 :

- Métier 2 :

- Métier 3 :

Domaine :

- Métier 1 :

- Métier 2 :

- Métier 3 :

Domaine :

- Métier 1 :

- Métier 2 :

- Métier 3 :

Domaine :

- Métier 1 :

- Métier 2 :

- Métier 3 :

Notes :

....

....

....

....

....

....

....

....

....

....

....

JOUR 3 : PREMIÈRE SÉLECTION DES MÉTIERS

Salut, j'espère que tu vas bien !

Aujourd'hui nouvelle journée, nouveau défi !

Tu as désormais sélectionné les 5 domaines que tu préférais parmi les 20.

Maintenant, avec notre approche en entonnoir, je vais te demander d'être encore plus précis.

Tu vas devoir dans chaque domaine, choisir trois métiers qui sont susceptibles de t'intéresser.

Attention, le but n'est pas de trouver en tout 15 métiers que tu veux forcément faire, mais simplement, qui attirent davantage ton attention et se distinguent des autres.

Tu pourras compléter la page précédente, en ajoutant les métiers au fur et à mesure.

Je sais que cela demande du travail mais ne t'inquiète pas, aujourd'hui sera la dernière journée complexe de la semaine.

Une fois cette liste réalisée, la suite sera plus facile.

Bon courage, et à demain !

JOUR 4 : DEUXIÈME SÉLECTION DES MÉTIERS

J'espère que ton travail d'hier a porté ses fruits.

Aujourd'hui, tu n'auras pas besoin de faire de recherches.

Tout d'abord, nous allons faire des cartes de métiers.

Pour les réaliser, tu as plusieurs possibilités :

- Découper sur les traits noirs les trois prochaines feuilles pour avoir 18 cartes (3 en plus au cas où) et marquer sur chaque carte un métier.

- Compléter chaque case avec un métier directement dans le livre sans découper

- Faire tes propres cartes avec des feuilles que tu pourrais avoir à ta disposition

Une fois que tu as tes 15 cartes ou que tu as complété le livre, il va maintenant falloir réduire cette liste à 5 métiers.

Comme pour les domaines, commence par retirer ceux qui t'inspirent le moins.

Ensuite, tu peux effectuer des recherches complémentaires pour avoir davantage de précisions, et ainsi n'en garder que 5.

Une fois que tu as sélectionné ces 5 métiers, c'est bon pour aujourd'hui.

On se retrouve demain !

JOUR 5 : ANALYSE EN PROFONDEUR

Courage, on arrive vers la fin de cet entonnoir !

Aujourd'hui, tu vas reprendre les 5 métiers, et nous allons réaliser des recherches supplémentaires sur chacun.

Tu pourras directement compléter les 5 prochaines pages avec plusieurs informations (le travail à réaliser est-il susceptible de t'intéresser, une petite description, la durée des études, le salaire, les débouchés…).

Je t'invite donc à compléter chaque fiche sérieusement.

Le but est que tu sois capable de parler une à deux minutes de chaque métier avec les informations sous les yeux.

Nom du métier :

Formation à réaliser :

Durée des études :

Description :

Débouchés :

Informations complémentaires :

Nom du métier :

Formation à réaliser :

Durée des études :

Description :

Débouchés :

Informations complémentaires :

Nom du métier :

Formation à réaliser :

Durée des études :

Description :

Débouchés :

Informations complémentaires :

Nom du métier :

Formation à réaliser :

Durée des études :

Description :

Débouchés :

Informations complémentaires :

Nom du métier :

Formation à réaliser :

Durée des études :

Description :

Débouchés :

Informations complémentaires :

JOUR 6 : LOCALISER LES FORMATIONS

Avant de réaliser le travail d'aujourd'hui, je t'invite à reprendre les 5 fiches que tu as réalisées.

Regarde de quel domaine provient chaque métier (Jour 4). Peut-être que tu te rendras compte que plusieurs métiers proviennent d'un même domaine.

Cela veut donc dire que ce domaine est susceptible de davantage t'intéresser par rapport aux autres.

Je t'invite donc, une fois que tu auras terminé ce livre, à aller faire des recherches complémentaires.

Pour aujourd'hui, nous allons tout simplement localiser les formations.

Tu as normalement renseigné le parcours à réaliser pour chaque métier.

Alors pour la dernière fois, tu vas devoir faire des recherches en ligne et trouver où tu peux effectuer chacune de ces formations.

Que ce soit en choisissant la proximité avec ton domicile, la renommée de l'établissement…

Sélectionne trois lieux par formation où tu pourrais réaliser ce cursus.

Nom de la formation :

Localisation 1 :

Localisation 2 :

Localisation 3 :

Nom de la formation :

Localisation 1 :

Localisation 2 :

Localisation 3 :

Nom de la formation :

Localisation 1 :

Localisation 2 :

Localisation 3 :

Nom de la formation :

Localisation 1 :

Localisation 2 :

Localisation 3 :

Nom de la formation :

Localisation 1 :

Localisation 2 :

Localisation 3 :

JOUR 7 : PRÉPARER SES QUESTIONS

Nous arrivons à la fin de cette semaine.

Normalement, tu as désormais plusieurs pistes pour ta formation post-bac, et pour ça, félicitations !

Comme quoi, avec du sérieux, du travail, et la bonne méthode à appliquer, on peut réussir à passer de « lycéen un peu perdu dans le vaste domaine des études supérieures », à « lycéen qui a plusieurs idées ».

Certes elles sont susceptibles de changer, et même dans l'absolu, on ne peut effectuer qu'une formation à la fois donc seulement un choix sera possible à réaliser.

Néanmoins, ce sera le cas dans un premier temps (tu peux toujours te réorienter plus tard si ça ne te plaît pas).

Enfin bref, passons maintenant aux choses sérieuses (pour la dernière fois).

Nous allons aujourd'hui préparer une liste de questions à poser aux personnes que tu pourrais rencontrer (si tu as encore le temps de faire des journées portes ouvertes, salons de l'orientation, et autres évènements te permettant de consolider ton choix d'orientation…).

Je te conseille de formuler une liste de 10 questions, 5 pour les professeurs, 5 pour les étudiants, et d'en poser quelques-unes à chaque personne se trouvant dans la formation qui t'intéresse.

Cela te permettra ainsi de voir si le courant passe bien, et si c'est le cas, de continuer à lui en poser davantage qui viendront spontanément sur le moment.

Si la personne a l'air trop occupée ou que tu n'as pas envie d'obtenir plus de réponses de sa part, tu peux la remercier et partir poser tes questions à d'autres personnes.

Donc aujourd'hui, ton but va être de formuler ces 10 questions.

Tu me connais, je ne vais pas te laisser comme ça, à partir de rien, trouver 10 questions pertinentes.

C'est pour cela que je vais te donner une liste des domaines intéressants à aborder, et ce sera à toi de formuler ces 10 questions, sous l'axe qui te semble le plus adapté.

<u>Pour les professeurs :</u>

- Niveau scolaire minimum pour intégrer l'école

- Les frais d'admission

- Examens d'admission

- Critères d'admission

- Les cours proposés

- Répartition cours pratiques et cours théoriques

- Volume horaire de cours et de travail à la maison

- Le mode d'évaluation

- La validation de l'année

- Les débouchés

- Le coût d'une année scolaire

- Travailler à temps partiel à côté

Pour les étudiants :

- Le choix de cet établissement

- Les points forts et points faibles du cursus

- Les cours simples et les cours complexes

- La disponibilité et l'accompagnement des enseignants

- Les activités à faire dans le coin sur son temps libre

- Le vécu des premières semaines de cours

Bien évidemment, tu peux formuler plus de 10 questions, et tu peux poser celles qui se trouvent dans la catégorie « pour les professeurs » aux étudiants, et inversement.

Comme d'habitude, il s'agit de pistes pour t'aider à démarrer.

Maintenant, à toi de formuler ces idées sous forme de questions, avec l'axe qui te semble le plus intéressant à titre personnel.

Sur les prochaines pages, tu trouveras de la place pour écrire tes questions, et également prendre en notes les réponses que tu pourrais obtenir.

Mes questions :

-

-

-

-

-

-

-

-

-

-

-

-

-

-

-

Notes (pour les réponses aux questions) :

....

....

....

....

....

....

....

....

....

....

....

....

....

....

....

....

....

....

....

....

....

....

TÉMOIGNAGE PERSONNEL

Avant de te parler de mon parcours scolaire, je tiens à te féliciter.

Il y a quelques jours, tu n'avais aucune idée de métier susceptible de t'intéresser.

Désormais, tu as plusieurs pistes à explorer, qui te permettront de trouver ta voie dans les études supérieures.

Si j'ai décidé de rajouter ce chapitre, c'est pour te parler de mon parcours scolaire, et te donner mon ressenti personnel sur cette transition lycée – études supérieures.

Pour te présenter mon parcours, j'ai passé l'ancien bac, et j'étais la première génération à être passée par Parcoursup.

J'ai donc réalisé un bac scientifique option sciences de l'ingénieur.

Déjà, pour choisir ce cursus, je l'ai fait par défaut.

Les sciences m'intéressaient, la voie scientifique était à ce moment-là celle qui fermait le moins de portes dans le supérieur, alors j'ai fait une première et une terminale S.

Puis, vient la terminale, et ce fameux Parcoursup où il faut formuler ses vœux.

Je suis dans les premiers de ma classe, mais également dans les premiers à ne pas savoir ce que je voulais faire plus tard.

Avec du recul, j'ai l'impression qu'au lycée je n'avais aucune envie particulière.

J'étais passif, je me laissais porter par la vague, et je repoussais le moment où j'allais devoir prendre une décision.

L'atmosphère et le cadre du lycée me plaisaient.

Mais un jour, dos au mur, il faut bien finir par formuler des vœux sur Parcoursup.

Mes parents m'ont amené à plusieurs salons de l'orientation, et j'ai fait plusieurs journées portes ouvertes.

Ne trouvant pas d'idées, j'ai donc demandé des conseils à mon entourage.

Ils m'ont répondu de continuer sur une prépa scientifique, pour ensuite faire une école d'ingénieurs.

C'est pour cela que les règles du premier chapitre de ce livre sont vraiment importantes, et que j'aurais rêvé de les avoir à l'époque.

Je ne regrette absolument pas d'avoir suivi leurs conseils.

J'ai appris des méthodes de travail que je n'aurais jamais trouvé ailleurs, et l'enrichissement intellectuel que permet cette formation est énorme.

Mais on retombe dans ce que je t'ai dit au début.

Comme je suis allé un peu par défaut là où j'étais bon, quand ça s'est complexifié, je suivais toujours les cours mais il n'y avait pas cette passion qui facilite le travail à faire.

Au fur et à mesure de ma première année d'études supérieures, j'ai compris que je préférais travailler plus tard dans le domaine de l'aéronautique et spatial.

J'ai donc passé des admissions parallèles pour aller dans une prépa intégrée directement rattachée à une école dans ce domaine.

Pour t'expliquer le fonctionnement, à l'issue des deux ans, tu ne présentes pas de concours généralistes pour intégrer une des centaines d'écoles disponibles, mais tu poursuis dans l'école directement rattachée à cette classe préparatoire intégrée.

J'ai donc fait les deux années de classe préparatoire intégrée, et c'est durant la deuxième année que j'ai compris ce que je voulais vraiment faire.

En parallèle de mes études supérieures, je faisais des vidéos sur YouTube, j'écrivais des livres, je vendais des formations, je négociais des contrats avec des entreprises…

Et c'est ça qui me plaisait.

Plus particulièrement, j'aimais beaucoup la phase de négociation des contrats, et j'adorais consommer du contenu sur la vente, le marketing, et la négociation.

J'ai fait tout cela en parallèle de ces trois années d'études scientifiques, et c'est seulement au cours de ma troisième année que j'ai compris que depuis tout ce temps, je me trompais.

En réalité, je préférais le domaine commercial, et non le domaine scientifique.

J'ai donc, à la fin de mon bac+2 intégré une école dans la continuité de mon parcours (en troisième année d'études supérieures) dans un cursus plus orienté vers la vente et la négociation, avec comme perspective de carrière, ingénieur d'affaires dans le secteur des hautes technologies.

Ce qui m'a permis de savoir ce que je voulais réellement faire, et d'éviter que je me retrouve à l'issue d'un bac+5 dans un métier qui ne me plaît pas, c'est d'être actif en parallèle de mes études.

C'est de réaliser des projets concrets, me permettant de toucher à plusieurs domaines, en étant autodidacte.

C'est pour cela que j'invite chaque étudiant, à lancer un projet en parallèle des études.

Que ce soit dans la vidéo, l'écriture, la conception ou la création.

Il faut sortir de la passivité qu'on peut avoir à suivre son cursus scolaire.

Il faut développer des compétences valorisables en parallèle des connaissances que donnent les cours.

Il faut trouver qui on est et ce qu'on aime vraiment.

C'est pour cela que je t'invite à vraiment t'interroger sur ce qui te plaît, et ce qui ne te plaît pas.

Faire des choix et devenir acteur de ta scolarité, pour ne pas te retrouver à la fin de tes études, dans un métier qui ne te correspond pas.

ALLER PLUS LOIN

Maintenant, c'est à ton tour.

Je t'ai donné la méthode, tu n'as plus qu'à l'appliquer.

N'oublie pas que tu peux également me retrouver sur la chaîne YouTube « Bac en poche » :

Si ce livre t'a plu, j'aimerais beaucoup que tu me laisses un avis sur Amazon. Cela permet de me soutenir dans mes projets, et de pouvoir continuer à t'accompagner dans de prochains livres.

Le site internet « Bac en poche » :

Sur ce site, tu peux t'inscrire aux conseils par mail de Bac en poche, et être également accompagné par moi-même d'un point de vue méthodologie pour Parcoursup, le Grand Oral, ainsi que dans les révisions du bac.

« Je te souhaite de passer une bonne soirée, travaille bien, et on se retrouve bientôt ! »

Lucas

Notes :

....
....
....
....
....
....
....
....
....
....
....
....
....
....
....
....
....
....
....
....
....
....
....

....
....
....
....
....
....
....
....
....
....
....
....
....
....
....
....
....
....
....
....
....
....
....
....
....
....
....
....

SOLUTION JOUR 1 RÈGLE N°4 :

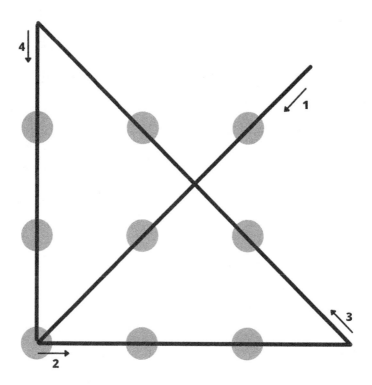

Comme tu peux le constater, la solution consiste à sortir du cadre.

Aller plus loin que de rester seulement dans le carré formé par les neuf points.

Adopte le même état d'esprit pour trouver ta formation post-bac : ose sortir de ce que tu connais déjà et vise plus loin que ta zone de confort.

Printed by Amazon Italia Logistica S.r.l.
Torrazza Piemonte (TO), Italy

25529329R00048